AF358854

L'ANCIEN COLLÉGE

DU HAVRE

(de 1579 à 1865)

SON ORIGINE & SON ORGANISATION

Précis augmenté de nouveaux Documents

LA MAISON

de Bernardin de Saint-Pierre

L'ANCIENNE PORTE DU PERREY

Par Ch. VESQUE

Auteur de : Notice sur les Fortifications du Havre. — Étude historique sur Montivilliers — Précis historique sur l'ancien Hôtel-de-Ville du Havre. — Notice sur la Citadelle du Havre, etc.

HAVRE

IMPRIMERIE ALBERT MIGNOT

Rue de l'Hôpital, 16

1865

L'ANCIEN COLLÉGE

DU HAVRE

A propos de l'inauguration du Lycée Impérial
du Havre, nous avons cru devoir faire quelques
recherches sur l'historique du Collége du Havre,
dont les chroniqueurs havrais se sont peu occu-
pés jusqu'à ce jour. Ce chapitre de l'histoire
des édifices et établissements publics du Havre
méritait cependant qu'on s'y arrêtât. Les Archives
de la ville possèdent, en effet, des pièces pré-
cieuses sur le Collége du Havre, et grâce à la
complaisance de M. J.-B. Dorey, nous avons pu
les parcourir entièrement. C'est donc, d'après
ces renseignements officiels, joints aux quelques
notes que nous possédions déjà et aux communi-
cations qu'on a bien voulu nous faire, qu'a été
rédigé le travail que nous entreprenons aujour-
d'hui.

Le Roi Henri III, par lettres patentes du 4
octobre 1579, autorisa la ville du Havre à
prendre sur les produits de son octroi, une somme
annuelle de 1,200 livres, destinée à payer la location d'une maison que l'on devait affecter à la

création d'un établissement d'instruction de la jeunesse.

Le Collége était donc légalement fondé, mais son organisation ne fut pas aussi facile. La ville ne pouvait, par suite de la pénurie de ses finances, payer le local et le personnel ; ensuite elle se voyait obligée de placer cet établissement tantôt dans un quartier, tantôt dans un autre. La nécessité de construire un édifice qui appartînt à la cité devenait donc urgente, mais il fallait trouver des fonds et elle n'en possédait pas. De longues années se passèrent dans cette situation. Le Havre, à proprement parler, ne possédait point de Collége.

Un respectable prêtre, qui, à défaut d'une statue, devrait au moins avoir son nom attaché à une des rues du Havre, tira la municipalité d'embarras, en lui donnant une maison pour y établir son Collége.

Ce prêtre généreux, c'était Michel Petit, curé d'Heuqueville (1) et doyen de Saint-Romain (2). L'immeuble dont il fit don pour la fondation du Collége, avait été acheté par lui en 1594, à M. Nicolas Lemasson ; il se composait d'une grande maison avec cour et jardin, située à l'angle de la rue Beauverger.

Le testament de Michel Petit, conservé aux Archives du Havre, est très curieux à consulter pour toutes les conditions minutieuses qu'il renferme. Nous eussions voulu le reproduire ici tout entier, mais, vu la longueur de ce document,

---

(1) Heuqueville, qui a vu naître l'abbé Lebret, est une commune du canton de Criquetot, peuplée aujourd'hui d'environ 400 âmes et qui n'en possédait guère plus de 60 du temps du curé Petit.

(2) Le doyenné de Saint-Romain-de-Colbosc comprenait alors 98 paroisses ; il fut réduit à 42 en 1697, quand on créa celui du Havre et supprimé à la Révolution.

nous ne pouvons en citer textuellement que la partie la plus importante.

« Au nom de la Très-Sainte-Trinité, qui est un Dieu en trois personnes, le Père, le Fils et le Saint-Esprit : je : Michel Petit, prêtre, curé d'Heuqueville, doyen de Saint-Romain, sain de mon esprit et de mon corps, *Considérant qu'il n'est rien de plus certain que la mort et de plus incertain que l'heure d'icelle*, désirant pourvoir au salut de notre âme, faisons et donnons mon testament et dernières volontés en la forme qui suit.

» Je recommande mon âme à Dieu, mon père créateur, le suppliant en toute humilité, par les mérites de son fils bien aimé Jésus-Christ, mon rédempteur et par les intercessions et suffrages de tous les saints et saintes que j'invoque et auxquels je me recommande.

» Icelle ma pauvre âme, lorsqu'elle sera séparée de mon corps, vouloir admettre en son céleste paradis, requérant mon corps d'être inhumé au chœur de ladite église d'Heuqueville. Et quant aux biens que Dieu m'a prêtés en ce monde, je prends pour être employés pour le salut de mon âme et de mes parents et amis, tant présents que trépassés.

» Une place et maison dessus bâtie, située en la ville Françoise de Grâce, rue Beauverger, laquelle j'ai acquise de Nicolas Lemasson. Sans en rien réserver, je la donne en *don perpétuel et irrévocable*, à celui ou ceux qui seront commis pour instruire la jeunesse en ladite ville de Grâce, pour servir de Collége ou Ecoles. A la charge par le principal ou régent de s'acheminer toujours et sans but, chaque jour, heure de onze à douze, en l'église Notre-Dame de ladite ville, accompagné de ses condisciples et élèves, dire devant l'image du Christ, *Domine secundùm,*

avec le verset *Peccavimus*, oraisons, etc. *Item*,
devant la Vierge le *De profundis*, etc.

» Et aussi faire dire le jour de mon décès un
service de trois psaumes, trois leçons, trois hau-
tes messes à diacres et sous diacres et enfin le
libera avec Oraisons. »

Les dispositions à suivre pour le service sont
prescrites avec un soin méticuleux ; nous lisons,
entr'autres détails, ceux-ci :

« Le principal ou régent devra assister au service avec ses élèves. Il remettra au curé qui
aura dit les offices, 40 sols ; aux clercs, 20 sols,
et aux choristes, 30 sols. Il remettra au curé,
7 livres qui seront distribués aux pauvres qui,
après le service, seront présents sous le portail
de l'église (*sic*). Il versera 6 livres au trésor de
la fabrique, pour le luminaire et les ornements.
L'acceptation par le clergé devra être affichée
sur un pilier du chœur de l'église.

» Au service assisteront 13 pauvres d'Heuqueville, choisis par les exécuteurs testamentaires,
lesquels porteront chacun une torche du poids
d'une livre ; il leur sera remis à chacun une aune
de drap d'une valeur de 60 sols et un pain bis
pesant trois livres. Tous les ecclésiastiques présents seront admis et il leur sera donné à dîner le
jour de l'enterrement et le jour du service. Une
distribution générale sera faite aux pauvres choisis par les exécuteurs testamentaires, d'un sol
ou d'un pain d'une livre. »

Michel Petit lègue ensuite 72 livres de rente
viagère à Jacques Caillot, et 65 à Cardin Caillot,
ses serviteurs. Il donne à Michel Petit, son
filleul et cousin, la moitié de ce qui lui est dû
sur ses revenus, et l'autre moitié à sa nièce,
Jeanne Croisy.

Ce testament, où rien n'est omis, se termine
ainsi :

» Je donne à ma servante une vache que tient de moi en louage Levasseur, avec tous les arrérages dus par lui pour cette location. Quand au surplus de mes biens je le laisse à maître Martin Petit, bourgeois et marchand, demeurant à Paris, rue St-Jacques, lequel je prie d'avoir pour agréable celuy mien testament.

« Je désire qu'une pierre soit posée sur ma sépulture dans l'église d'Heuqueville, et charge de l'exécution, Denis Jourdain, curé d'Octeville et Jéhan Lebourguignon, curé de Saint-Renoult (1).

» Arrêté devant M. Plicaut, curé de Cauville, Pierre Lecarron, vicaire d'Heuqueville, et Guillemain Boivin père et fils et autres, le onze décembre, mil cinq cent quatre-vingt-dix-neuf. Présence aussi de Jacques Pimont et Jean Collet. »

Michel Petit décéda vers la fin de l'année 1600 ou au commencement de 1601, car sa donation fut acceptée le 7 avril de cette dernière année, dans une assemblée générale des échevins, notables et bourgeois, présidée par M. Jacques Martel, curé de Notre-Dame. Il fut ensuite décidé que la nomination du principal ou régent du Collége, appartiendrait de droit à Martin Petit, frère du donateur, demeurant à Paris, et après le décès de ce dernier, au Conseil général de la ville. Il fut décidé qu'un service serait célébré le 11 décembre de chaque année dans l'église Notre-Dame, à la mémoire de Michel Petit, en présence de tous les élèves du collége.

---

(1) Il a dû y avoir ici erreur du copiste. c'est sans nul doute, le curé de Saint-Romain, que Michel Petit, aura voulu désigner, car nous ne sachions pas qu'il ait existé de curé de Saint-Renoult, dans notre arrondissement.

La maison léguée par Michel Petit n'a subi depuis cette époque que fort peu de changements. L'intérieur a reçu quelques améliorations, mais le bâtiment fut toujours aussi grand qu'il est de nos jours. Le terrain a 300 mètres de superficie.

En 1833, M. Palfray, notaire, fit élever la maison qui est contiguë du côté du marché. Il acheta deux vieilles maisons qui par une coïncidence remarquable, appartenaient également à un prêtre, M. l'abbé Duval, curé de Graville, puis d'Harfleur, où il décéda en 1837.

Ces constructions n'étaient séparées de la cour du Collége que par des palissades en bois, et pour ne pas engager la ville dans une trop grande dépense, M. Palfray transigea pour la construction des murs mitoyens. La maison contiguë sur la rue des Remparts appartint aussi à un prêtre, M. Taveau.

En dépit des efforts faits par la municipalité pour faire progresser son Collége, cet établissement n'eut pendant longtemps qu'une importance très secondaire.

L'abbé Pleuvry, dans son histoire du Havre, s'exprime ainsi à son sujet (1760).

« La ville fournit le logement et les gages à deux maîtres, pour enseigner les humanités et les rhétoriques. Cet établissement n'a pas de patentes (1) et ne peut en rigueur s'appeler Collége. Je ne sais pourquoi la ville du Havre n'a pas impétré ces sortes de lettres qui rendraient cet établissement plus stable et plus noble et dont les fonctions exigeraient des maîtres ès-arts qui seraient véritablement professeurs. On souhaiterait même

---

(1) L'abbé Pleuvry se trompe ici, car, ainsi que nous l'avons dit plus haut, le Collége possédait ses lettres patentes signées par Henri III.

qu'on y fondât une chaire de philosophie qui allumerait l'émulation et l'empêcherait de s'éteindre.»

Ce sévère jugement porté sur le principal établissement d'instruction publique de la ville n'a rien d'exagéré, car Courtenvaux qui vint sept ans plus tard s'embarquer au Havre pour faire des études sur les côtes de France et de Hollande, écrivait dans ses mémoires :

« Il n'y a en cette ville *qu'un méchant Collége*, où deux maîtres enseignent ce qu'ils peuvent, moyennant des honoraires extrêmement médiocres. Tous les yeux sont tournés vers la mer ; la passion de naviguer entraîne les jeunes gens et leur ôte même les capacités de réfléchir sur tout autre sujet. »

Les professeurs étaient en effet fort peu payés car ils ne recevaient que 135 livres par an, quoiqu'ils eussent à donner l'éducation à plus de 80 élèves. La ville essayait pourtant d'encourager cet établissement; en 1717 elle déclara que tous les ans on éleverait un théâtre dans la cour du logis du roi, sur lequel les élèves du collége, joueraient des pièces latines. Ceux qui se seraient distingués recevraient des prix marqués aux armes du gouverneur et de la ville.

Il est bon d'ajouter que la municipalité avait encore à payer 400 livres pour deux autres écoles et 420 livres pour un maître d'écriture et d'hydrographie. En somme l'instruction publique coutait donc en totalité 1,035 livres au budjet municipal.

Que l'on compare ce chiffre avec celui de nos jours qui s'élève à 135,950 fr. Il est vrai que le Lycée compte à lui seul, 32 professeurs, sans compter les 9 maîtres d'études et la direction.

Les habitants du Havre coopéraient pourtant au soutient de cet établissement par des dons volontaires.

Ainsi, par contrat en date du 20 avril 1863.

'abbé François Leveziel lègue une rente de 100
ivres, destinée à aider à payer les gages d'un
professeur de philosophie. Le 6 juin 1724, Jacques Prevost donne 188 livres de rente.

Le 28 septembre 1747, Anne Demars, demeurant en cette ville, rue *Françoise* (1), verse à
l'hospice du Havre, 3,200 livres, à la condition
que cet établissement servira *perpétuellement*,
une rente de 100 livres, au Collége, pour aider
à l'instruction des *garçons pauvres*, qui se des-
tineront à la carrière ecclésiastique.

De nombreuses réclamations ayant été adressées à la ville à propos du chiffre par trop res-
treint qu'elle destinait à son collége, le conseil
d'Etat qui avait été saisi de cette affaire, approu-
va, le 2 janvier 1773, les décisions prises par les
échevins en 1767.

Désormais, le premier professeur recevrait
500 livres par an, au lieu de 150 ; le deuxième,
440 au lieu de 120, et si on en nommait un troisième, il lui serait alloué 200 livres. — En plus,
les deux professeurs seraient logés de droit dans
le collége. Le maître d'écriture occuperait tout le
rez-de-chaussée de la rue Beauverger, sans avoir
aucune communication avec la cour. Après 25
ans d'exercice, le premier professeur recevrait
500 livres de rente viagère, le deuxième, 400 et
le troisième 100.

Les régents et professeurs du Collége appar-
tenaient la plupart au clergé des paroisses du
Havre, tels que Adrien Jouan, en 1641, et
Fajole, en 1743. Antoine Nollant, etc.

En 1789, le premier professeur était l'abbé
Picard. Il devint curé de l'Eure, puis de Criquetot (2); le second était Philippe Taveau, né

(1) Aujourd'hui rue de l'Hôpital.

(2) Nous avons entre les mains un des prix décernés

en cette ville en 1744, docteur ès-arts de la
faculté de Caen, professeur de rhétorique.

Sur la demande faite à la Ville pour la création
d'un troisième professeur, ces Messieurs s'adjoi-
gnirent l'abbé Trupel, qui tenait alors des petites
écoles au Havre ; mais bientôt l'abbé Picard se
retira et fut remplacé par l'abbé Dubois.

Le 24 juillet 1791, MM. Taveau, Trupel et
Dubois prononcèrent, en l'Eglise Notre-Dame,
le serment à la Constitution civile du clergé.

Le premier professeur recevait 1,700 livres,
dont 1,200 de la Ville et 500 du produit d'une
maison louée au profit du Collége (1) Il était logé
dans l'édifice. Le deuxième professeur touchait
600 livres, dont 200 par la même maison. Il
logeait également dans le Collége, mais ses
appartements lui furent retirés pour être donnés
à la musique de la Garde nationale, qui en fit sa
salle de répétition. L'abbé Trupel demanda et
obtint de la Municipalité que les élèves du Collége, puissent représenter *Brutus*, sur le Théâtre.
Ils avaient joué l'année précédente *Guillaume-
Tell* (1793).

Un réglement pour le Collége fut approuvé à
cette époque par la Ville. Nous y voyons, entre
autres dispositions, que : Il y aura 3 heures de

---

par l'abbé Picard à ses élèves. C'est un exemplaire des
Entretiens sur le Havre, par Mlle Lemasson Legoff. On
lit sur la première page que la libéralité et la munifi-
cence de l'auteur ont permis d'accorder ce prix au savant
Desvarieux, élève du Collége, le 8 Mars de l'an du salut
1781. Signé Picard, prêtre.

Un des prix décernés par l'abbé Trupel, est aussi
parvenu jusqu'à nous ; il avait été donné à l'élève
Alexandre Fautrel.

(1) Cette maison était située à l'angle des rues de
Paris et St-Jacques ; elle avait été vendue par la veuve
Decaens, en 1719.

Voir l'Appendice, page 27.

classes le matin et 3 heures le soir. — Les congés auront lieu les jeudis et mardis ; ils furent ensuite accordés les mercredis et samedis soir. — Un congé serait donné le 11 décembre, jour anniversaire de la mort de Michel Petit, et les élèves se rendraient à Notre-Dame pour assister au service célébré à sa mémoire. — Comme il n'y avait point de chapelle dans le Collége, la messe serait célébrée tous les matins, autant que cela se pourrait, aux Ursulines de la rue Beauverger. Les vacances commenceraient le samedi précédant le 25 août, et la rentrée aurait lieu le lundi après le 9 octobre, jour de la célébration de la messe du Saint-Esprit.

A la suite des persécutions dont furent victimes les membres du clergé, les prêtres professeurs du Collége rétractèrent leur serment et partirent pour l'exil, où l'un d'entre eux, M. Taveau, devait terminer son honorable carrière. — Trupel, après plusieurs mois de détention, partit aussi pour l'étranger, mais il rentra sous le Consulat et mourut à Gainneville, en 1805. — Dubois, lui aussi, revit sa patrie où il se consacra à l'instruction religieuse jusqu'à sa mort (1828). — Quant à Picard, il mourut curé de Criquetot, où il avait été nommé après son retour de l'exil.

MM. Taveau et Dubois, ayant donné leur démission de régents du Collége, plusieurs habitants du Havre écrivirent à la Ville une lettre dans laquelle ils déclaraient que, vu la démission de ces messieurs, ils avaient l'intention de retirer leurs enfants du Collége. Ils engageaient la Municipalité à pourvoir à leur remplacement en nommant des professeurs capables d'enseigner aux enfants la *Fidélité à la Loi, à l'Etat et au Roi*. Parmi les signataires, nous remarquons : Drogy — Feray d'Arcourt — Moisy — Bardel

— Tougard — Flécheux — Morisse — Lamy — Lecerf — femme Delaroche — et femme Desramez.

Levée, né au Havre, auquel on doit *les Biographies Havraises*, fut pendant quelques mois chargé de la direction du Collége, mais ses principes extra-patriotiques lui firent bientôt abandonner ces fonctions. — Levée qui avait reçu la tonsure (1785), puis les ordres mineurs, se fit commis de négociant, puis entra au greffe du tribunal civil. Ses capacités dans l'instruction publique n'étaient pas sans valeur, car il devint proviseur du Lycée de Bruges, puis censeur et professeur de celui de Caen. La Restauration ne tarda pas à le révoquer à cause de ses anciennes opinions républicaines.

Le Collége du Havre, comme toutes les communautés enseignantes existant à cette époque, fut supprimé par arrêté du Gouvernement révolutionnaire. Ses bâtiments furent donnés à deux instituteurs qui y ouvrirent un établissement privé. — Malgré la donation de l'abbé Petit, il devint propriété de l'Etat et reçut, sur sa façade, la fameuse inscription : *Propriété nationale. — Liberté, Egalité, Fraternité.* Ce ne fut que sous l'Empire que la Ville put en obtenir la restitution, comme propriété communale.

Le Consulat créa les Ecoles secondaires pour remplacer les Colléges communaux. — Un décret du 9 floréal an xi (29 avril 1802) autorisa l'ouverture d'une de ces Ecoles au Havre, dans les bâtiments de l'ancien Collége, mais par suite de discussions entre la Ville et l'Académie de Rouen, pour le choix des professeurs, elle ne fut ouverte qu'en l'an xiii.

L'abbé Houllier, ancien prêtre habitué de Notre-Dame, et alors domicilié à Nointot, fut nommé principal et premier professeur, avec

1,500 livres d'appointements. — On lui adjoignit, pour second professeur, l'abbé Trupel, avec 1,100 livres de paye, et Roussel, avec 800 livres de gages. Ce dernier, qui avait été curé constitutionnel de Saint-François, fut nommé en 1813 curé de Bléville, mais il revint habiter Saint-François où il mourut en 1843.

L'ouverture de l'Ecole secondaire se fit avec une grande pompe le 16 vendémiaire an XIII (8 octobre 1804). Les autorités civiles et militaires, escortées par 50 hommes de troupes et par la musique de la Garde nationale, se rendirent de la Mairie à la grande salle du Palais de Justice, où eut lieu l'installation des professeurs. M. Begouen, conseiller d'Etat, fut invité à présider cette cérémonie.

Le Collége ne possédant pas de local convenable pour distribuer les prix, cette cérémonie eut ordinairement lieu dans la salle d'audience du Tribunal civil.

Nous publions ici une pièce curieuse. C'est le nom des lauréats, d'un concours fait parmi les élèves :

ÉCOLE SECONDAIRE DU HAVRE.

DISTRIBUTION DES PRIX

Le 1er Fructidor, an XIII (19 Août 1804).

PLAIDOYERS SUR QUATRE DÉFAUTS DE JEUNESSE :

Indolence — Vivacité et Emportement — Légèreté — Complaisance

Juge.

Pierre-Louis DELACROIX, de Bolbec.

—

Avocats :

Ergaste qui a retiré Adraste de l'indolence,
François MARTONNE, du Havre.

—

Philandre qui a modéré la vivacité et l'emportement de Polydore.

Pierre-Emile Levieux, du Havre.

—

Statomène qui a fixé le caractère léger et volage de Gyrophale.

Henri Potier, de Saint-Domingue.

—

Phronine qui a modéré l'excessive complaisance d'Erasisme.

Louis-Barbin de Grandmaison, de Beauvais.

———

Un palmarès également intéressant et le seul imprimé que possède les Archives, est celui du 19 Août 1805.

Nous y lisons, entre autres noms, ceux de : Emile Levieux — Paques Tréfouel — Philémon Duboc — Paul Longer — François Lainé — Ancelot — Alexandre Lacorne — Cyprien Vacquerie — Guillaume Toussaint — Augustin Hachard — Pierre Huet — Jacques Delamorinière — Cyprien Colombel — Augustin Durand — Olivier Labbé — E. Taveau — Pierre Gachot — Pierre Beaufils — Armand Quertier — Alexandre Bréard — Paschal Bucquet — Pierre Houlier — Théodore Poupel — Nicolas Pupin — J.-B. Picard — Emile Duboc Delessart — Jean Bucquet — etc.

Nous aurons à revenir sur la plupart de ces noms.

A sa création, l'Ecole secondaire comptait 38 élèves, mais pendant les sept années suivantes, ce chiffre atteignit de 78 à 80.

En 1807, l'administration se composait de l'abbé Houlier — Mauconduit, deuxième professeur ; Roussel, troisième professeur, et Lelièvre, maître répétiteur. — Il y avait 75 élèves. — En 1811, il n'y eut plus que 32, puis en 1812, 41, et l'année suivante 39. — En 1814, les dépenses du Collége s'élevaient à 4,814 fr., et les recettes à 864 fr. — Ce fut cette année que l'abbé Roussel, ayant été nommé curé de Bléville, fut remplacé par M. Langlois. — En 1819, les frais montaient à 3,958 fr., y compris 200 fr. pour les prix et 400 fr. pour l'entretien des bâtiments. La Ville décida, à cette époque, que le premier professeur recevrait 1,500 fr. au lieu de 1,300, le deuxième 1,100 fr. au lieu de 1,050, le troisième 800 fr. au lieu de 750. — En 1822, il y avait 70 élèves, les frais montaient à 4,350 fr.

A peu près à cette époque, une insubordination eut lieu dans le Collége, et 6 élèves furent renvoyés.

L'abbé Houllier étant décédé le 9 mars 1825, un arrêté du ministère de l'instruction publique, en date du 11 décembre suivant, nomma, pour le remplacer, l'abbé Chauchard, principal du collége de Gaillac (Languedoc).

Sous cette administration, 39 élèves suivirent les cours. L'abbé Chauchard, à la suite d'un désaccord survenu entre lui et la ville, donna sa démission le 31 juillet 1826.

Il fut remplacé par l'abbé Chapel, professeur de philosophie au collége de Tours. Le nombre des élèves atteignit 72. Pour faire comprendre l'augmentation que nous signalons ici, il faut ajouter que la ville fit fermer deux écoles privées dont l'existence nuisait alors à la prospérité du collége. L'abbé Mauconduit fut nommé principal à Montivilliers et remplacé au collége du Havre par M. Houllier, neveu de l'ancien régent.

L'abbé Chapelle ne cessait de demander à la Municipalité des améliorations dans le mobilier des classes, des réparations aux bâtiments et surtout la construction d'un nouveau local. De graves discussions s'élevèrent entre lui et la ville qui adressa des plaintes au Ministère, à la suite desquelles l'abbé Chapel fut révoqué.

En attendant son remplacement, M. l'abbé Bénard, alors vicaire de l'église Notre-Dame, accepta la régence par intérim.

Le 7 juin 1828, fut nommé principal M. Bréard, frère du vicaire de Caudebec, qui est mort cette année curé de Saint-Michel (1). Il eut pour professeurs, MM. Messonnier, Tissot, Robert, Boissel et Clémendot. Le dessin fut confié à M. Ochard, à partir du 1er août 1829; l'anglais à M. Murphy Byrnes et l'escrime à M. Auxillion.

M. Houllier, neveu, ayant été atteint d'un dérangement dans ses facultés intellectuelles, fut d'abord suspendu, puis révoqué en juin 1830.

Une ordonnance royale du 2 décembre 1830, rétablit l'usage du tambour pour les mouvements des colléges, rendit l'uniforme obligatoire, et prescrivit l'armement des élèves. L'exercice du fusil dut avoir lieu le jeudi de chaque semaine. Il fut nommé des sergents dans chaque section. C'était la remise en vigueur du décret du 15 octobre 1811.

L'ordonnance reçut son entière exécution au collége du Havre, qui comptait alors 78 écoliers.

Les élèves des classes supérieures portèrent la veste bleue à boutons de cuivre et la casquette cirée. Les exercices avaient lieu le jeudi dans la

---

(1) Quelques biographes, confondant les deux frères, ont avancé à tort que l'abbé Bréard avait été chargé de la direction du collège. Il ne fut même pas aumônier, car cet établissement ne possédait pas de chapelle.

salle de la Bourse, sous les ordres de M. Auxillion. Ils assistèrent sous les armes aux revues
passées à l'occasion de la fête de Louis-Phi-
lippe, ainsi qu'à la messe célébrée à Notre-Dame.

On se souvient encore des promenades militaires des élèves, formant une compagnie exécu-
tant les marches et contre-marches avec un en-
semble parfait; manœuvrant le fusil avec une
dextérité que n'auraient pas désavouée nos vieux
soldats, au son d'un tambour que battait un des
élèves avec un talent remarquable.

Cet état de choses fut de courte durée. A la
suite de quelques troubles arrivés dans les lycées
de la capitale, le gouvernement ordonna leur
désarmement ainsi que celui des colléges communaux.

Le 3 décembre 1833, M. Bréard fut remplacé par M. Pasquier, principal du collége de
Bernay (1).

Sous la régence de M. Pasquier, le collége
possédait 108 élèves. Néanmoins ce principal fut
révoqué et remplacé par M. Ferrus, principal à
Perpignan (2) le 31 juillet 1836.

L'édifice de la rue Beauverger devenait déci-
dément trop exigu pour contenir les 166 élèves
qu'il possédait, sous cette dernière administration ; la ville se décidant à faire droit aux réclamations des familles, eut d'abord la pensée de

---

(1) En quittant le Havre, M. Bréard dirigea les écoles
du château de Trébons, commune de Grainville-Ymau-
ville, puis celles de Maréfosse, commune de La Remuée.
M. Bréard est mort en Angleterre.

(2) M. Pasquier fonda alors au Havre une grande
pension universitaire, d'abord rue du Grand-Croissant,
puis rue de la Halle, près le Vivier. Cet établissement
eut un énorme succès et fit une rude concurrence au collége.
M. Pasquier céda son institution à M. Thiébaut (1847)
et se retira à Honfleur où il décéda.

louer la grande maison située à l'angle des rues
de Bordeaux et de Caroline, côté Sud, puis le
pavillon Fouache, mais elle recula devant les
frais qu'il aurait fallu faire pour approprier ces
locaux à leur nouvelle destination. Elle préféra
faire bâtir un édifice spécial.

Une ordonnance royale autorisa le Havre à
acquérir, moyennant 102,700 fr., un terrain
situé rue de la Mailleraye et appartenant à l'hospice. Le contrat fut signé le 13 janvier 1835 (1).

L'adjudication des travaux eut lieu le 9 juin
de la même année et l'édifice, construit sur les
plans de M. Lemarcis, architecte de la ville et de
l'arrondissement, fut livré à la ville le 24 juin
1837. Le collége en prit possession à la rentrée
des classes le 1ᵉʳ octobre suivant.

L'édifice de la rue Beauverger fut alors
donné aux frères des écoles chrétiennes qui l'oc-
cupèrent jusqu'en 1850. Depuis cette époque,
une classe, dirigée par les dames d'Ernemont,
occupe ces bâtiments.

Un mot maintenant sur quelques uns des anciens élèves du vieux collége.

Messire Carrion de l'Epéronnière, né au
Havre, paroisse Saint-François, en 1698, fit ses
premières études dans ce collége, puis fut envoyé à Caen ou il obtint de brillants succès. Il en
sortit, dit M l'abbé Lecomte, licencié en droit
civil et canonique. Nommé curé de Notre-Dame
du Havre en 1754, il exerça son saint ministère
jusqu'à sa mort arrivée le 18 novembre 1762.

Un des neveux de ce vénérable curé était, il
y a une quinzaine d'années, chef d'une impor-

---

(1) Par le même contrat, la ville acquit également et
moyennant 58,719 fr., un terrain contigu, pour y construire ses abattoirs. Cette construction nécessita la sup-
pression d'une rue, à laquelle par anticipation on avait
donné le nom de rue des Abattoirs.

tante maison de commerce. Ses bureaux étaient situés rue Dauphine, 16, dans la maison même où avait habité le curé Carrion.

Bruneaux, le négociant poète, né en cette ville en 1774 et mort à Condé en 1819, fut aussi un des élèves du collége. Il laissa trois tragédies et plusieurs poésies assez estimées.

Citons aussi les frères Labbé. Léon Xavier, né au Havre, en 1803, devint chanoine honoraire de Rouen et membre du conseil supérieur de l'instruction publique. Ce digne prêtre mourut en 1855, supérieur du pensionnat ecclésiastique d'Yvetot qu'il avait fondé en 1826.

Son frère, l'abbé Pierre, devint aussi chanoine de Rouen et membre du conseil supérieur de l'instruction publique. Il est actuellement supérieur de la maison d'Yvetot et titulaire de la chaire d'éloquence sacrée à la Faculté de Rouen. Il a été, il y a quelques années, nommé chevalier de l'Ordre de la Légion-d'Honneur.

Leur oncle, l'abbé Lemarcis, né paroisse Saint-François, en 1766, étudia sa réthorique au collége du Havre. Emigré à la Révolution, il rentra sous le Consulat et fut nommé vicaire de Saint-François, fonctions qu'il exerça jusqu'en 1814, époque où il fut enlevé par une longue et douloureuse maladie. Sa vie fut entièrement consacrée à faire le bien aux malheureux qu'il se plaisait à secourir.—Il fonda aussi une école gratuite pour les filles pauvres. — Sa biographie est une des pages les plus émouvantes de l'ouvrage de M. l'abbé Lecomte sur les *Eglises et Clergé du Havre*.

Adrien Lemaistre, né au Havre, le 18 juin 1783, s'assit aussi sur les bancs de ce collège. Il était loin de penser qu'un jour à venir il serait appelé comme premier fonctionnaire de la cité à présider la distribution des prix de ce même établissement.

Négociant, député, et maire du Havre, de 1831 à 1848 et de 1849 à 1853. M. Lemaistre, mourut à Berne en 1853, mais ces restes furent rapportés au Havre, où ils reposent dans le cimetière Saint-Hélène, sous un monument élevé par la ville dont il fut un des plus dévoués administrateurs.

Il est des biographes qui ont écrit que Bernardin de Saint-Pierre et Casimir Delavigne, commencèrent leurs études dans ce collége; cette assertion nous paraît erronée. Bernardin quitta le Havre très-jeune. Quant à Delavigne, M. J. Morlent affirme dans ses *Esquisses Biographiques,* qu'il reçut ses premières notions d'éducation chez l'abbé Trupel, qui tenait alors son école au n° 4 de la rue de la Gaffe (1), et que de là il fut envoyé au lycée à Paris. Il est vrai que l'illustre poète havrais fut instruit dans les langues latines par M. Langlois, professeur au collége, mais il est certain que ces leçons lui furent données au domicile de son père, à la faïencerie. C'est du moins ce qu'un témoin oculaire nous affirme.

Pour Ancelot, le fait est hors de doute, car, ainsi que nous l'avons dit, son nom se trouve sur le palmarès que nous avons déjà cité (19 août 1805).

A la distribution des prix qui eut lieu au Palais de Justice, Ancelot récita une poésie *Le Voltigeur.* A sa façon de dire les vers et d'en faire sentir le rhythme et la mesure, on pouvait déjà prédire, dit M. Morlent, qu'un nouveau poète était promis à la France.

Ancelot reçut à cette solennité qui avait lieu

---

(1) C'était le même professeur qui fut attaché au collége. Il était né au Havre et 1755.

en présence de toutes les autorités et au son de la musique de la Garde Nationale, un premier prix de mémoire, un second de vers latins, un second de version et un accessit de thème. Nous avons précédemment donné le nom de quelques uns de ses concurrents qui etaient tous sérieux.

Dans sa carrière remplie tout à la fois de succès et de déceptions, Ancelot n'oublia pas son vieux Collége. Chaque fois qu'il venait au Havre, il aimait à s'arrêter devant les bâtiments renfermant ces classes où, pendant sa jeunesse, il avait souri à l'avenir.

Un jour même, il leur laissa pour adieux les vers suivants, qu'on aurait dû graver sur un marbre de ce Collége :

> « Témoin de mes douleurs, quand, maudissant le grec,
> » De mes larmes d'enfant j'humectais mon pain sec,
> » Ah ! combien j'aime enfin à revoir cette cour,
> » Ces classes, ces dortoirs, où dès le point du jour
> » La cloche, sans pitié, tourmentait notre oreille.
> » Enfants, qu'au même lieu, le même son réveille,
> » Ainsi que nous, bercés par des songes riants,
> » Vous pressez aujourd'hui le vol de ces années,
> » Par d'austères devoirs, l'un à l'autre enchaînées
>
> . . . .
> . . . .
>
> » Je ne veux point ici vous ôter un doux rêve
> » Rêvez donc la fortune et la gloire et l'amour. (1)

Il y avait alors trente ans qu'Ancelot avait quitté ce Collége, mais il n'oubliait pas les douces impressions qu'il y avait goûtées, aussi adresse-t-il à la nouvelle génération d'élèves de sages et utiles encouragements : Enfants,

> « Dans le Cercle éternel roulez à votre tour,
> » Que les illusions, compagnes de votre âge,
> » Vous offrent du bonheur le fugitif mirage.
> » Le bonheur, s'il est vrai qu'on l'atteigne ici-bas,
> » Par combien de tourments ne le paierez-vous pas?

---

(1) *Ancelot devant ses concitoyens*, par J. Morlent.

« Dieu lui-même, soumis à cette loi sévère,
» Pour atteindre au ciel, passa par le calvaire. »

C'est que lui-même, Ancelot, l'avait gravi, ce calvaire. Il avait passé par les vicissitudes de la vie humaine. Quelques années plus tard, lorsque enfin il venait de triompher, la mort devait le frapper comme pour prouver une fois de plus qu'il n'est point de félicité parfaite sur cette terre!

On comprendra facilement que, dans la nomenclature des anciens pensionnaires du vieux Collége, nous ne puissions donner que les noms principaux parmi ceux qui ont laissé des souvenirs marquants dans leur patrie. Nous omettrons, malgré nous, un grand nombre de personnes qui mériteraient une mention honorable, mais, outre l'impossibilité de faire un travail complet sur ce sujet, nous avons dû nous résumer dans la désignation de ceux qui se présentaient plus naturellement à notre mémoire.

Nous avons déjà cité les Levieux, les Lacorne, qui ont tenu une place distinguée dans le Barreau du Havre, — les Vacquerie, — les Huet, — les Toussaint dont les fils occupent des positions honorables, soit dans le Commerce, soit dans le Barreau, (etc), — Bourlet de la Vallée, un poète dont les vers se lisent avec plaisir, dont la passion pour la littérature fut poussée à un tel point que sa raison en fut ébranlée et que, riche et justement considéré, il brisa sa carrière par le suicide, — Gachot, dont le fils, poète aussi, devait, malheureusement pour les arts, être enlevé par une cruelle maladie, à la fleur de l'âge, — Bucquet, dont un d'eux, Léon, mort ausi au moment où la vie s'ouvrait à peine pour lui, et qui légua à sa patrie, pour derniers adieux, ce livre écrit avec les larmes que lui arrachait l'impitoyable maladie qui le consumait, *La Normandie poétique.* Ces noms là ne suffiraient-ils pas pour illustrer le vieil édifice, dont nous avons essayé d'esquisser le passé.

Encore deux noms pourtant : Frédérick Lemaître et Vandal.

Frédérick Lemaître, *le Talma des Boulevards*, né au Havre, rue de la Halle, le 14 juillet 1800, s'assit sur les bancs du Collége du Havre.

M. Vandal, aujourd'hui membre du Conseil d'Etat et directeur général des Postes, y était également pensionnaire vers 1825. Son père occupait, dans cette ville, les fonctions de contrôleur des Douanes, et demeurait rue de la Chaussée.

Nous n'avons pas à nous étendre longuement sur le Collége de la rue de la Mailleraye, qui est trop moderne pour avoir une histoire.

A M. Ferrus succéda comme principal, vers 1842, M. Lacombe, puis M. Dentu (1848). A cette époque le Collége se trouvait dans un tel état de décadence que son existence même était en péril. M. Dentu, par son habile direction, parvint à le relever. Son dévouement à toute épreuve, pendant les 14 années de son administration, les sages mesures qu'il fit adopter par la Municipalité, placèrent cet établissement au rang qu'il occupe aujourd'hui parmi les établissements d'instruction publique. Quand M. Dentu prit sa retraite, le Collége comptait près de 400 élèves. La croix de la Légion d'honneur décernée à M. Dentu est la juste récompense de sa ferme et intelligente gestion.

Le 11 juin 1858, le Collége de la rue de la Mailleraye reçut une de ces visites dont le souvenir doit être inscrit dans les annales d'une cité. Le Maréchal Magnan, commandant supérieur des divisions militaires de l'Ouest, accompagné de MM. Larue, maire, Toussaint et Mazé, adjoints, passa l'inspection des élèves rangés dans la cour, ayant en tête, leur principal, M. Dentu.

Un des élèves, M. Hauville, adressa au Maréchal un discours, dans lequel, parlant au nom de tous ses camarades, il protestait de la sympathie que le nom de l'Empereur gravait dans tous les cœurs. Il accentua d'une voix ferme, l'honneur que recevait le Collége, d'être visité par un soldat du premier Empire, et l'admiration que la France devait avoir pour une carrière si noblement remplie.

A ce passage, le Maréchal a interrompu M. Hauville en lui disant avec douceur : *Pas d'éloges en face.*

« Mes amis, dit le Maréchal, il faut travailler maintenant et profiter des bonnes leçons que vous recevez ici. Il faut, de plus, lorsque vous sortirez d'ici pour entrer dans le monde, vous souvenir des principes de morale et de vertu que vous recevez chaque jour. Il faut vous en souvenir, car ce sont ces principes qui font l'honnête homme, ce sont eux qui feront de vous des hommes utiles, quelle que soit la carrière que vous embrasserez. »

Après avoir invité les élèves à persévérer dans leur attachement à la dynastie impériale, le Maréchal ajouta que le Ministre de l'instruction publique s'occupait sérieusement de l'avenir du Collége.

Le Maréchal, après avoir fait donner aux élèves un congé de vingt-quatre heures, se retira au bruit des cris mille fois répétés de *Vive le Maréchal.*

« Mes amis, s'est écrié le noble visiteur, en montant en voiture, ne criez pas *Vive le Maréchal.* Il ne doit y avoir en France, qu'un seul cri : *Vive l'Empereur.* »

Un décret impérial du 22 juillet 1861 ayant érigé le Collége en Lycée, la ville fit construire l'immense édifice qui vient d'être inauguré, et dont la première pierre avait été posée par **M. Mazeline**, adjoint, le 15 avril 1863. Cet établissement fut honorée cette même année, par la visite de **M. Duruy**, ministre de l'instruction publique qui parcourut en détail, toutes les parties terminées.

En terminant cette notice, nous exprimons le vœu qu'une des rues avoisinant le Lycée porte à l'avenir le nom de Michel Petit, le donateur du premier Collége que le Havre ait possédé.

Cet acte de juste reconnaissance à la mémoire de cet homme de bien, serait favorablement accucilli par la population entière. Le vieux Havre a été oublieux et ingrat, c'est au Havre moderne, à la grande cité, si fière de sa prospérité, de réparer l'oubli commis par nos pères, envers celui qui se dévoua si généreusement pour l'instruction de leurs fils.

APPENDICE

Voici une pièce très curieuse, malgré son am-
biguité dans plusieurs de ses passages, qui a trait
à l'historique du collège :

« De la minute du Contrat passé devant les
» Notaires du Havre, le 13 Août 1720, contrôlé le
» 17 du même mois, de l'acquêt fait les sieurs
» Maire Echevins, juge de Police et procureur
» syndic, au nom de la Communauté de ladite
» ville, à Maître Antoine-Louis Laignel, avocat
» au Baillage de Caux, au nom de Maître Antoine
» Laignel, son père, conseiller du Roy, contrôleur
» du grenier à sel d'Harfleur :

» De 233 livres 6 sols, 8 deniers, dont ils
» avaient été chargés en diminution du prix de la
» vente faite à la communauté par la ve Decaens
» d'une maison faisant le coin de la rue des Ro-
» tisseurs et grande rue saint Michel, ledit rem-
» boursement montant en capital arrérages, pro-
» rata et coût de lettres à 4517 l. 9 s. 8 d., a été
» extrait ce qui suit :

» Et laquelle somme payée par les dits Eche-
» vins, ils ont dit leur avoir été remise par le sieur
» Morel, receveur et procureur, savoir 905 livres
» 06, restant sur 3621 l. 5. donnés et énoncés
» par les sieurs anciens Echevins et quarteniers

» de la dite ville, nommés audit contrat d'acqui-
» sition sus daté, suivant l'ordonnance de M. de
» Graville, intendant et pour 1612 l. 9 s. 2 d., fai-
» sant partie du remboursement qui leur aurait été
» fait de la finance pour le paraphe des registres
» des arts et métiers de cette ville, cédée par la
» communauté de ce lieu pour servir aux aug-
» mentations des gages des Régents du Collége,
» dont ils font remplacement au présent acquit.
» Collationné par
Dorey et Costé, Notaires. »

—

Une seconde pièce contient ce qui suit :
» De la minute du contrat de vente faite par
» Jeanne Fromage, veuve en seconde noce de
» Jacques Decaens, au corps et communauté
» de la dite ville du Havre, à la stipulation des
» Echevins (etc.) de deux corps de Logis, atte-
» nant l'un à l'autre, faisant le coin de la rue
» Rotisseurs (1) et St-Michel (2), passé devant les
» notaires le 18 octobre 1719, contrôlé le 27 du
» même mois, et lecture issue de la messe le 29,
» a été extrait ce qui suit :
» Lesquelles ventes ci-dessus prisées en charge,
» capitaux et prorata, levées sur les 7000 l. de la
» présente vente reste 2716 l. 4 s. 6 d. qui ont
» été présentement payés comptant et réellement
» délivrés à la ve Decaens en louis d'or et d'ar-
» gent ayant cours, par ledit sieur Morel, rece-
» veur des deniers provenant des octrois de la
» ville, en conséquence de l'ordonnance de M,
» de Graville, intendant de cette province, en
» date du 26 Mai dernier, faisant partie de 3620
» livres 5 sols, donnés et aumosnés par les sieurs

---

(1) Rue St-Jacques.
(2) Rue de Paris.

» Guillaume Fouquet, Ruault, Plaimpel, Duval
» d'Epremenil, Rebue, Dechantre, Delamare,
» Lenoble-Morel, Lechiblier et Foache, pour tout
» ou partie de ce qui leur restait dû d'anciens
» gages, pour servir à l'augmentation des gages
» des Régents du Collége qui se nomment dans
» les assemblées générales de cette ville.

   » Collationné par Dorey et Costé, notaires.»

   Communiqué par **M. J.-B.** Dorey, conservateur des archives de la ville.

LA MAISON

DE

BERNARDIN DE SAINT-PIERRE

On a commencé récemment les travaux de dé-
molition des maisons de la rue de la Corderie, dont
la disparition est nécessitée pour le prolongement
des rues Saint-Honoré et de la Halle, sur l'emplacement des fortifications.

Les travaux d'agrandissement d'une cité ont sou·
vent pour effet de faire disparaître des édifices et
constructions se rattachant à l'histoire de la ville
ou rappelant un souvenir cher aux habitants.

Déjà le Havre a vu tomber la Tour François Ier,
seul monument contemporain de sa fondation, la
Citadelle, l'ancien Hôtel-de-Ville ; aujourd'hui, elle
voit abattre la maison où naquit l'auteur de *Paul
et Virginie*.

Cette construction qui porte sur la rue de la
Corderie les numéros 47 et 49, avait été élevée
en 1658, ainsi que l'attestait le millésime placé
au-dessus de la porte principale, Elle ne formait
d'abord qu'une seule propriété, mais plus tard, elle
fut divisée en deux lots. La partie portant le n° 47
devint, par don, la propriété de l'Hospice du Havre,
et celle portant le n° 49 fut achetée aux héritiers de
M. Chauvot, ancien receveur des Finances, par M.
Verjon, courtier au Havre, qui y fonda une Raffi-

nerie de sucre. — Le dernier propriétaire fut
M. Corrard de la Salle, officier de la Légion-d'Honneur, ingenieur de première classe à Cherbourg et
gendre de M. Verjon.

C'est dans le bâtiment portant le numéro 47 que
naquit, le 19 janvier 1737, Jacques-Henri Bernardin de Saint-Pierre, fils de Nicolas de Saint-Pierre,
directeur des Messageries de cette ville (se prétendant descendant d'Eustache de Saint-Pierre, le
courageux bourgeois de Calais), et de Catherine
Godebout. Il fut baptisé le lendemain, en l'Eglise
Notre-Dame, par Jean-Joseph Aubourg (1), vicaire,
et tenu sur les fonts baptismaux par Pierre-Henri
Savalette, receveur de la romaine, et la comtesse
Madeleine-Bernardine-Françoise Bayard. (2)

M. de Saint-Pierre avait établi ses bureaux au
numéro 49 ; dans la cour se trouvaient les écuries
et remises.

Cette entreprise ne devait point produire de
magnifiques résultats au point de vue financier, car
plus d'une fois, le directeur se trouva dans un
état de gêne dont la lettre suivante fera comprendre
l'importance :

« 17 décembre 1762.

» Le duc de Beauvilliers au greffier de la Ville,

» Je suis chargé, par M. le duc de Saint-Aignan,
» de vous prier de voir M. de Saint-Pierre pour
» l'engager à envoyer à Paris, à la fin du mois,
» *l'année échue du bail des Messageries du Havre*,
» en lui disant qu'il est pressé pour un paiement
» indispensable qu'il doit faire dans le même
» temps. Sans cette circonstance, M. le duc lui
» aurait donné *les mêmes délais et les mêmes facilités*
» *que les années précédentes*, mais pour cette fois, il

---

(1) Dans *Le Clergé du Havre*, par M. l'abbé Lecomte,
l'abbé Aubourg figure, en 1737, comme vicaire de Saint-François ; il devint curé aux environs de Fécamp. Il ne
figure à Notre-Dame qu'en 1706, comme choriste.

(2) V. Toussaint, *Précis historiques sur les statues de
Bernardin de Saint-Pierre et de Casimir Delavigne.*

» lui est impossible de faire la même chose. C'est
» pourquoi il espère que la demande *ne restera pas
» sans effet.*

> Signé : duc de Beauvilliers.

» P.-S. — Je vous prie de dire à M. de Saint-
» Pierre que M. le duc fera son possible pour enga-
» ger M. l'intendant à recevoir favorablement sa
» demande, mais qu'il ait soin d'envoyer ce qu'il a
» promis pour l'année de la Messagerie. »

Ces Messageries n'avaient de communication
qu'avec Rouen. En 1773, il ne partait encore
qu'une voiture de cette dernière ville, le mercredi,
pour arriver le samedi au Havre. En 1789, le service fut augmenté, et il partit des deux villes une
voiture tous les jours, à l'exception du samedi. On
payait 16 livres 8 sols par place.

Les évènements politiques qui éclatèrent après
1789, en arrêtant le commerce qui mettait les deux
villes en relations quotidiennes, portèrent un grand
préjudice à l'entreprise des Messageries qui cessè-
rent presque entièrement leur service pendant plusieurs années.

En 1795, la France ayant retrouvé le calme dont
elle avait tant besoin, après la tourmente révolutionnaire qui l'avait ébranlée, le commerce du Havre
reprit son cours habituel et sentit la nécessité de
rétablir ses relations avec les villes voisines.

Les Messageries sur Rouen continuant à n'orga-
niser qu'un service insuffisant pour les correspon-
dances, le maire du Havre, sur la demande de ses
concitoyens, écrivit au directeur (24 floréal an IV):

« Les habitants se plaignent depuis longtemps de
» la privation des voitures publiques entre le Havre
» et Rouen. Les rapports entre ces deux villes ren-
» draient la cessation de ce service préjudiciable au
» Commerce.

» Il ne part maintenant qu'une diligence toutes
» les décades (tous les 10 jours); elle est absolu-
» ment insuffisante. Si les circonstances permet-
» taient de rétablir les choses sur l'ancien pied,
» nous vous inviterions à rétablir une diligence
» qui partirait chaque jour.

« Nous nous bornons à vous engager à en établir
» une qui partirait tous les deux jours. La commo-
» dité des voyageurs exigerait que la voiture pût
» partir et arriver le même jour à sa destination. Il
» me semble que cela pourrait se faire facilement. »

Quelques jours après, les directeurs répondirent
au Maire qu'ils s'occupaient d'une nouvelle organisation de leur service.

Les détails sur l'enfance de Bernardin de Saint-
Pierre sont peu connus pour ce qui concerne sa
ville natale ; on cite bien par-ci par-là quelques
épisodes, mais ils sont assez rares.

La lecture de la vie des *Pères de Familles* lui sus-
cita le projet de se faire ermite. Un matin, il avait
alors 9 ans, muni pour toutes provisions du déjeuner qu'il devait manger à midi, au lieu de se rendre
à l'école, il se dirigea du côté de Sainte-Adresse, et
choisit l'endroit le plus solitaire du bois pour y
établir le lieu où désormais il veut finir ses jours.
Il ne fut tiré des rêveries auxquelles il se livrait en
entendant chanter les oiseaux dans les arbres, que
par l'arrivée de sa gouvernante. Marie Talbot, laquelle à force de recherches était parvenue à le
retrouver. (1)

Quatre ans plus tard la lecture de *Robinson
Crusoé* lui donna le goût des voyages. Un de ses
oncles le prit sur son navire et le conduisit à la
Martinique, d'où il revint encore désillusionné,
n'ayant eu dans son voyage à braver ni tempête,
ni naufrage, ni à séjourner dans aucune ile inhabitée.

Dans ses mémoires Bernardin consacre quelques
lignes aux souvenirs de son enfance. Peu soigneux
de son naturel il perdait souvent ses livres de
classes et pour ne pas le faire gronder par ses parents, sa bonne, Marie Talbot, lui en procurait
d'autres. Il avait bon cœur. Plusieurs fois en allant
à l'école il rencontra des malheureux et leur donna
son déjeuner. La brutalité envers les animaux
excitait en lui une grande colère, si bien qu'une

---

(1). Peut-être bien est-ce en souvenir de cet épisode
qu'Alphonse Karr a demandé et obtenu qu'une des rues
de Sainte-Adresse portât le nom de Marie Talbot.

fois il menaça du poing un charretier qui battait son cheval et qu'une autre fois il voulut battre des enfants qui avaient cassé une patte à un chat. Il avait une profonde admiration pour les hirondelles. Un jour que son père lui faisait contempler les tours de la Cathédrale de Rouen, il lui répondit : *Comme elles volent haut.* Il n'avait vu que les hirondelles qui s'échappaient de la grande flèche.

Bernardin étudia chez les Jésuites de Caen, puis au Collége de Rouen ; il ne fit donc que de rares et courts séjours dans sa ville natale. On peut donc en conclure que sa jeunesse se passa presque entièrement hors du Havre. Ce serait sortir de notre sujet que de le suivre dans sa carrière littéraire, laquelle du reste est complètement étrangère à l'histoire du Havre.

Le 20 novembre 1766, un homme qu'à ses habits poudreux, à sa marche fatiguée, on reconnaissait facilement pour un voyageur, parcourait avec une grande préoccupation la rue de la Halle et s'arrêta devant la maison portant le n° 47 de la rue de la Corderie. Ses regards se portaient sur toutes les parties de cette maison et semblaient vouloir pénétrer dans l'intérieur des appartements, dont toutes les fenêtres étaient fermées. Cet homme, c'était Bernardin de Saint-Pierre, qui après trente ans d'absence, revoyait sa patrie. Cette maison l'avait vu naître, là, avant son départ habitait sa famille. Et pourtant aujourd'hui pas une figure chère à son cœur n'apparaissait à ses yeux — pas un frère, pas une sœur ne venait lui ouvrir les portes, pas un ami pour lui presser la main. Les passants le regardaient avec la plus complète indifférence, personne enfin ne semblait le connaitre dans cette ville dont il était pourtant un des illustres enfants.

Que cet isolement fut pénible au cœur de celui qui écrivait : *Pour aimer sa patrie, il faut l'avoir quittée. J'aime les lieux où, pour la première fois, j'ai senti, j'ai aimé, j'ai parlé.*

Les larmes aux yeux, Bernardin allait fuir ces lieux inhospitaliers, et dire un adieu éternel à son ingrate patrie, quand à quelques pas de lui, il aperçut une vieille femme qui filait devant sa porte. Il la reconnaît, court vers elle et la presse dans ses bras ; c'était Marie Talbot.

La pauvre fille le fait entrer dans sa modeste demeure et lui apprend enfin la cause de l'isolement où il s'est trouvé devant sa maison natale. Son père était mort, son frère parti pour les Grandes-Indes et sa sœur rentrée dans le couvent d'Honfleur. Elle-même Marie Talbot avait dû se séparer du père de Bernardin, n'ayant pu s'accorder avec sa seconde femme. Elle s'était trop souvenue des bontés qu'avait eue pour elle la mère de Bernardin.

L'entrevue fut longue et touchante, Marie rappela à son ancien élève tous les épisodes de son enfance. Ils se séparèrent pour ne plus se revoir et lorsque Bernardin lui offrit quelques secours. *Merci, dit-elle, je gagne six sous par jour, je peux encore faire des économies.* »

Bernardin n'avait plus de famille au Havre, il quitta le jour même cette ville où, croyons-nous, il ne revint jamais.

Dans ses mémoires, l'illustre écrivain consacra quelques pages au souvenir de son entrevue avec Marie Talbot. Ces pages, véritable reproduction des impressions de son cœur, sont une des plus belles et des plus émouvantes que nous ait laissées Bernardin. M. J. Morlent en a reproduit le passage le plus remarquable dans son *Guide du Touriste au Havre.*

Nous engageons les lecteurs à les parcourir et comme nous, ils sentiront les larmes mouiller leurs yeux. Ils seront une fois de plus pénétrés d'admiration pour Bernardin de Saint-Pierre, que de certaines personnes ont pourtant osé calomnier.

Bernardin de Saint-Pierre conserva une antipathie très marquée pour sa ville natale, antipathie qui, du reste, était assez justifiée par l'ingratitude de ses concitoyens à son égard. L'anecdote suivante en fournira une preuve.

C'était en 1812, Bernardin avait alors 75 ans, un habitant du Havre se présente à lui et est reçu poliment mais avec une grande froideur. Le visiteur parle de la patrie et se faisant, dit-il, l'interprète de ses concitoyens, proteste de la sympathique admira tion de ceux-ci pour le célèbre écrivain. Bernardin semblait insensible à cet aveu. Le visiteur lui demanda enfin le motif du silence qu'il gardait, lorsqu'on lui parlait du Havre, qui pourtant lui avait donné le jour. Bernardin se rendit dans son cabinet et en revint peu de temps après tenant entre ses mains une liasse de lettres. « Voilà, Monsieur, dit-il, des lettres de félicitations qui m'ont été adressées de toutes les parties du monde, faites-moi le plaisir de prendre lecture de celles qui viennent du Havre. » Le visiteur parcourut la correspondance, cherchant en vain celles du Havre, il ne s'en trouvait pas une.

Bernardin est mort deux ans après, le **21** janvier **1814**. Eh bien, chose triste à dire, mais hélas trop vraie, 14 ans s'écoulèrent depuis et, non-seulement le nom du grand écrivain n'était point attaché à une rue ou place publique de sa ville natale, mais il n'existait même pas un marbre sur la maison où il était né.

Un homme de cœur et aux sentimens nobles, se trouva heureusement pour faire ce à quoi une municipalité n'avait pas même songé, M. Verjon fit placer sur la maison qu'il venait d'acquérir (1828) l'inscription qui s'y voit encore aujourd'hui :

ICI NAQUIT JACQUES-HENRI BERNARDIN DE SAINT-PIERRE

L'AN 1737.

Le buste que l'on voit au Musée est un don du Gouvernement.

Sous la restauration le public désignait le carrefour formé par les rues de la Halle et de la Corderie, sous le nom de place Bernardin de Saint-Pierre, mais ce ne fut que plus tard que le nom du célèbre enfant du Havre fut donné à la rue qui le porte aujourd'hui.

En 1838, pour la première fois, on s'occupa du projet d'élever une statue à l'illustre enfant du Havre et ce fut encore parmi d'honorables habitans que ce projet prit naissance. Nous lisons dans l'ouvrage de M. Toussaint la désignation des membres de la commission dont les noms ne doivent pas être oubliés. C'était MM. Guérin, ancien capitaine. M. Lacorne, courtier, J.-B. Dorey, négociant, Lénétrel et Boissière, propriétaires. Ils s'adressèrent à la Municipalité qui chargea M. le maire de s'entendre avec ces Messieurs.

Le projet ne fut pas cependant exécuté de suite ; ce ne fut qu'en 1843 qu'il fut repris et mené à bonne fin, à l'aide d'une souscription publique, dans laquelle figura pour six mille francs, Mme Aimée Martin, veuve de Bernardin de Saint-Pierre (1).

On se souvient que les statues placées devant le Musée, furent inaugurées le 9 août 1852.

Nous n'avons pas à relater les détails de cette cérémonie, nous rappellerons seulement que le soir la maison qui, 115 ans plus tôt, avait vu naître Bernardin, fut illuminée par un if en verre de couleur qui éclairait brillamment la façade. Une foule nombreuse circula jusqu'à une heure avancée dans le quartier, cherchant à se souvenir des moindres incidens de la vie si agitée de ce grand homme.

Aujourd'hui cette maison tombe et bientôt il n'en restera plus que le souvenir. Nous espérons que le marbre sera respecté et mis à l'abri de la destruction. Ne pourrait-on pas élever sur l'emplacement de la maison même, une petite pyramide sur laquelle il serait mentionné que là fut le berceau de Bernardin de Saint-Pierre. ?

---

(1). Bernardin de Saint-Pierre, avait épousé en premières noces Mlle Didot, dont il eut deux enfans, *Virginie*, qui devint femme du général Gozan et est morte en 1843, sans postérité, et *Paul*, mort en 1856 dans une maison de santé et en état d'interdiction.

En seconde noce il épousa Mlle de Pelleport, laquelle, après la mort de son mari, devint Mme Aimée Martin, et décéda en 1847.

LA VIEILLE PORTE

DU PERREY

Autrefois, la transformation d'un quartier, le changement de disposition dans un édifice, en un mot, le plus simple travail d'édilité était rappelé à la postérité par une inscription gravée sur le lieu même où il s'était accompli.

Cette circonstance qui était précieuse pour l'historien semble avoir été complétement abandonnée, principalement au Havre. En effet, on agrandit la ville, on élargit son port, on exécute des travaux considérables, sans que le plus petit marbre puisse faire connaître aux générations futures, les anciennes limites de la cité, l'endroit exact où la nouvelle jetée a été soudée à l'ancienne ; quel monument existait à la place de tel autre, etc.

Dans l'avenir, on sera donc, comme cela a déjà lieu, réduit aux conjectures, et puis, il arrivera aussi que souvent on sera bien loin de supposer que des faits précieux pour l'histoire de la cité se sont passés sur certains terrains ou emplacemens que l'on parcourra avec la plus complète indifférence.

C'est, du reste, ce qui arrive de nos jours.

Ainsi il est bien peu de personnes, si nous exceptons celles qui ont compulsé avec soin l'histoire du Havre, qui sachent qu'en face la rue Saint-Honoré, sur l'emplacement même des maisons que l'on jette bas pour prolonger cette rue sur les anciens remparts, se trouvait jadis une des entrées principales de la ville du Havre; qu'un roi et une reine de France, entourés d'un cortége composé de l'élite de la cour, y reçurent les clefs de la ville ; que plus tard des combats s'y livrèrent, etc. Rien qui nous rappelle ces faits mémorables, rien si ce n'est quelques vieux plans de la ville et le récit des chroniqueurs.

Nous le répétons, nous aimerions à voir consacrer le souvenir des hauts faits et des grands changemens apportés dans notre cité, par des inscriptions gravées soit sur des colonnes monumentales soit sur des tables de marbre, placées sur les lieux mêmes où ils s'accomplirent.

Revenons à la Porte du Perrey.

Elle se trouvait, comme nous le disions plus haut, en face la rue Saint-Honoré, et était entourée d'une terrasse rejoignant la tour François Iᵉʳ, et à égale distance des bastions de Sainte-Adresse et de la Musique.

Au mois d'octobre 1549, le roi Henri II, accompagné de la reine Catherine de Médicis, fit son entrée au Havre par cette porte.

Laissons parler Guillaume de Marceilles, le plus ancien chroniqueur Havrais qui fut témoin de cette cérémonie, et la raconte, avec son style naïf, mais impartial, dont nous respecterons l'orthographe, autant que faire se pourra.

« En l'an 1549, au mois d'octobre, sa dite majesté, auroit faict son entrée en la dite ville. Pour le recepvoir, dautant qu'il étoit fort mar-

tial, fut advisé et ordonné par le dit sieur de la
Meilleraye, cappitaine de la d. ville et officier di-
celle, que chacun bourgeois et habitant selon sa
qualité et pouvoir, fairoit et mettroit en ordre, un,
deux, trois ou quatre enfants audessous et jusques à lâge de 20 ans, vestus et armez de chaus-
ses et pourpoints de taffetas noirs, garnis de taffetas blanc, qui estoient les couleurs du Roy,
lesquels iroient hors de la ville, audevant de sad.
Majesté comme il en approcheroit, et toute cette
jeunesse, au nombre de 800 qui se trouvèrent
portant la harquebuse recueilleroient et saluroient
sad. Majesté, chacun d'un coup de harquebuse,
comme ils auroient fait, venant sad. Majesté
pardessus le Perré, ce qui contenta merveilleu-
sement et agréa fort à sad. Majesté, et les condui-
soit Jean Feré, sieur de Vauchoquet et Guillaume de la Porte, grenelier de la d. ville et autres avec l'enseigne de chacun quartier dé la d.
ville, de taffetas des couleurs cy dessus desployés,
et tambour sonnant, sad. Majesté fit son entrée
par lad. *Porte du Perré*, ou le d. sieur de la
Meilleraye monté à cheval l'attendoit, qui luy pré-
senta la bourse de velours ou estoient les clefs de
la d. ville, luy ayant faict une petite harengue de
son service, que tout incontinent sad. Majesté
lui auroit restituez luy disant avoir à son d. service, pour bien agréable et qu'il eut à continuer
icelluy, et ce fait le poisle (Dais) de velours noir
et dont les bastons étoient tenus et portés par
quatre des plus notables personnes de lad. ville,
fut présenté à sad. Majesté sons lequel il fut de
là ramené jusques en la maison et hostel com-
mun de lad. ville où il estoit descendu : suivoit
par apprès la Royne, sur laquelle fut mis un autre poisle de velours blanc vert et incarnat avec
lequel elle fut conduite par les quatre eslus de lad.
ville qui en portaient les bastons jusques à l'hostel

de ville ou la Roy et elles furent logées (1).»

En 1563, lorsque l'armée française vint reprendre sur les Anglais le Havre que leur avaient livré les protestants, les assiégés garnirent la porte du Perrey d'une ligne de palissades, destinée principalement à protéger la Tour François Ier, qui n'avait pas encore de fossés pour la fortifier. Le régiment de Duplessis-Richelieu attaqua ces retranchements avec une ardeur impétueuse et ne tarda pas à s'en rendre maître, malgré le feu meurtrier que faisaient les Anglais du haut de la Tour. Ce succès amena la prise de la digue sur laquelle on plaça des canons qui portèrent le désordre dans le camp anglais et força bientôt ceux-ci à rendre la Tour qui fut presque entièrement démolie par l'artillerie française. — Etrange retour des choses d'ici-bas, cette Tour François Ier que son royal constructeur avait élevée en haine des Anglais, avait ce jour-là mitraillé de tous ses canons l'armée française et se trouvait à son tour affreusement mutilée par l'artillerie française. — François Ier aurait-il jamais osé penser qu'un pareil destin fatal eut été réservé à sa Tour ? — Au combat des palissades de la porte du Perrey, Duplessis Richelieu, grand-oncle du Cardinal, fut tué d'un coup d'arquebuse à la tête de son régiment.

Après la capitulation des Anglais, Charles IX qui, ainsi que Catherine de Médicis, avait séjourné dans le manoir de Vitanval pendant le siége du Havre, nomma gouverneur Sarlabos. Ce dernier fit remplacer la muraille qui régnait entre la Porte et la Tour, par la terrasse dont nous avons parlé.

---

(1) Mémoires de la Fondation et Origine de la ville Françoise de Grâce composés par Guillaume de Marceilles, conseiller du roy et son premier procureur en la dite ville, dédiés à Monseigneur l'admiral Villarts.

Six ans après la reprise du Havre, les protestants éloignés de cette ville par ordre du roi,
s'étant mis en communication avec les habitants
fidèles à leur cause, tentèrent de s'emparer de la
place une seconde fois.

Dans la nuit du 3 février 1569, ils s'avancè-
rent par le Perrey, tuèrent une partie du guet et
voulurent pénétrer par la Porte ; heureusement
un soldat de la garde bourgeoise, le sieur Lecerf
trouvant peu naturel que la Porte soit ouverte à
pareille heure, eut la présence d'esprit de la fermer et de jeter l'alarme dans la place. Sarlabos
réveillé par ses cris, par le son des tambours de
la garde bourgeoise et aussi par la cloche de Notre-Dame, laquelle, d'après la tradition se mit à
sonner toute seule, fait prendre les armes à la
garnison, et poursuit les conjurés qui se sau-
vent en toute hâte, abandonnant leurs armes que
l'on retrouva sur les lieux mêmes.

Cette conspiration coûta la vie à quelques gen-
tilshommes du pays qui furent jugés et condam-
nés par Ressent de Montaigu, conseiller au par-
lement de Rouen, et Bigot, avocat général, en-
voyés au Havre par le Roi.

Nous avons sous les yeux une gravure copiée
sur un vieux manuscrit et qui représente Lecerf
fermant la porte du Perrey. La façade du côté
de la ville a la même architecture que celle de
la Porte dont nous allons parler. Elle a une voûte
casematée et une porte en bois à deux battans.
L'écusson fleur de lis surmonte l'arc triangu-
laire qui regarde la ville. Une fortification dite
l'ouvrage à corne protège la Porte du côté du
Perrey. Le Perrey n'était alors occupé que par
quelques moulins à vent. Il y avait à peine une
maison par-ci par-là.

En 1610, le gouverneur Villars fit élever la
nouvelle Porte du Perrey, près la Tour, c'était

celle que nous avons vu démolir en 1864 pour les travaux d'élargissement du Port.

Vers 1667, l'ancienne Porte, qui fait l'objet de cet article, fut remplacée par une demi-lune, complétée en 1688 par des chemins couverts.

Le quartier changea d'aspect ; le bastion de Saint-André fut élevé puis remplacé par l'Hôtel des lieutenants du Roi, qui vient également de tomber sous le marteau démolisseur, les corderies de la Marine Royale s'élevèrent, la rue se bâtit et changea son nom primitif de rue des *Ecuries* pour celui de rue de la *Corderie* ; des constructions s'élevèrent bientôt sur l'emplacement de l'entrée de la ville par la vieille Porte.

Néanmoins le génie militaire conserva une poterne, qui, des remparts du Perrey, aboutissait à la rue de la Corderie par une petite porte en bois, que l'on voit encore près la maison portant le numéro 31. Cette maison élevée d'un rez-de-chaussée et d'un étage, pourrait bien être l'ancien corps de garde de la Porte.

Quoiqu'il en soit, cette maison tombe aujourd'hui, et les faits qui se passèrent dans ce quartier du Havre, furent assez intéressants pour que nous ayons cru devoir les rappeler à la mémoire des habitants qui s'occupent de l'histoire de leur cité.